코끼리의 일기

아프리카코끼리가 들려주는 초원 이야기

스티브 파커 글 | 피터 데이비드 스콧 그림 | 햇살과나무꾼 옮김

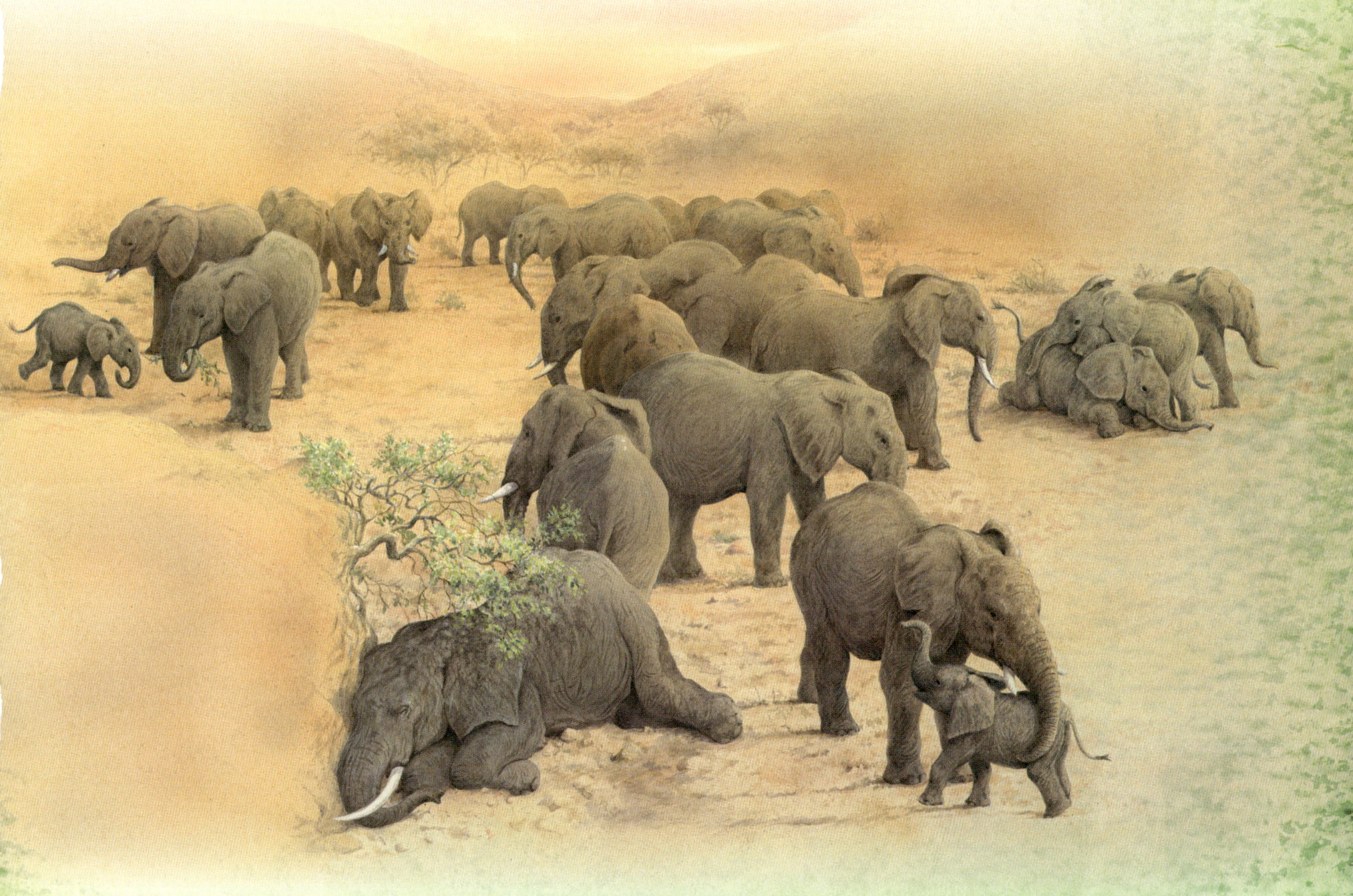

한울림어린이

글쓴이 스티브 파커 Steve Parker

영국의 자유기고가이자 런던 동물학회의 회원으로 과학 분야 전문가이다. 대학에서 동물학을 전공하였고, 과학, 자연, 건강 등에 관해 200여 권의 책을 쓰고 편집하였다. 런던 자연사박물관에서 일했으며, 《아동 학습 브리태니커 백과사전》의 과학 분야를 담당하여 글을 쓰기도 하였다. 영국의 BBC 방송에서 생활과학, 건강, 의학 등의 주제를 쉽고 재미있게 소개하여 많은 사람으로부터 사랑을 받았다.
또한 BBC 방송과 영국의 자연 및 사적 보호 단체인 내셔널 트러스트에서 공동 추천한 〈자연 다큐멘터리〉 방송 시리즈물의 기획을 맡기도 하였다.
저서로 《뇌 속의 놀라운 비밀》《동물 속을 알고 싶다》《왜 그럴까요》《말해 주세요》《건물에도 뿌리가 있나요?》《엉뚱하고 우습고 황당하고 짜릿한 과학 이야기》《인체》《거꾸로 생각하는 엉뚱한 과학 이야기》《인체 지도》 등이 있다.

옮긴이 햇살과나무꾼

햇살과나무꾼은 어린이책을 사랑하는 사람들이 모여 만든 곳으로 세계 곳곳의 좋은 작품들을 소개하고 어린이의 정신에 지식의 씨앗을 뿌리는 책을 집필한다.
《봄·여름·가을·겨울 생태 놀이터》 시리즈, 《시튼 동물기》 등을 옮기고 《신기한 동물에게 배우는 생태계》《놀라운 생태계, 거꾸로 살아가는 동물들》 등을 썼다.

내 코 좀 봐!

차례

내가 태어난 날	4
우리 가족	6
내 몸 사용법	8
이사 가기	10
위험한 순간	12
소금 동굴 가는 길	14
낯선 동물	16
가장 슬픈 날	18
메마른 계절, 건기	20
불이야!	22
마침내 비가 내리다	24
덩치 큰 손님들	26
새 지혜로운 할머니	28
이웃들의 한마디	30
낱말풀이	31
찾아보기	31

내가 태어난 날

내가 태어나서 처음 본 것은 우람하고 긴 다리들이
나를 빙 둘러싸고 있는 모습이다.
그때는 동틀 무렵이었고, 나는 갓 태어나
땅에 누워 있었다. 바로 옆에는 엄마가 있었다.
곧이어 이모들이 차례차례 나를 보러 왔다.
이모들은 기다란 코로 냄새를 맡으며
나를 쓰다듬었다. 정말 행복했다!

엄마 옆에서
아장아장 걸었다.

아프리카코끼리

분류 포유류 장비목 코끼리과
몸길이 약 7미터
어깨높이 3.3미터
몸무게 평균 3톤
사는 곳 덤불숲, 초원, 나무가 듬성듬성한 숲
먹이 나뭇잎, 풀, 잔가지, 열매, 새싹, 꽃, 나무껍질
특징 덩치가 엄청나게 크다! 코가 길고
커다란 귀와 큰 어금니가 있다.

내가 일어섰다 넘어졌다 했던 것도 기억난다.
그렇게 한두 시간 연습하고 나서 비로소 걸을 수
있었다. 나는 엄마의 커다란 발에 밟히지 않게
조심하면서 엄마 옆에 꼭 달라붙어 있었다.

햇볕이 뜨거워서 다들 쉬고 있을 때,
나는 걷기 연습을 하고 달리기 연습도 했다.
저녁에는 다 같이 먹이를 찾으러 갔다.
나는 뒤처지지 않으려고 종종걸음으로
부지런히 걸었다!

엄마가 그러는데, 몸에 줄무늬가 있는 동물은 얼룩말이란다.

내 소식이 신문에 크게 실렸다!

해돋이무리에
새끼 코끼리가 태어났다

새로 태어난 새끼가 엄마랑 이모와 함께 있다.

오늘 새벽녘 해돋이무리의 암코끼리가 106킬로그램의 건강한 새끼를 낳았다. 약 두 시간 만에 태어난 새끼는 두 시간이 지나자 스스로 일어섰다. 한 코끼리는 "새로운 식구가 태어나서 모두들 감격했어요. 이제 우리 가족은 모두 서른일곱이랍니다. 엄마와 아기 모두 건강해요." 라고 전했다.

엄마 발은 무지무지 크다. 하지만 엄마는 아주 조심조심 발을 디딘다.

갓 태어난 코끼리는 눈이 잘 보이지 않는다. 그래서 코로 더듬더듬 주위를 살피고 냄새를 맡는다. 나도 코 쓰는 법을 배우는 데 시간이 조금 걸렸다. 심지어 내 코에 걸려 두세 번 넘어지기도 했다.

5

우리 가족

나는 우리 가족을 하나하나 알아 가고 있다.
우리 가족의 어른들은 모두 암코끼리이다.
가장 나이가 많은 코끼리는 '지혜로운 할머니'이다.
할머니는 우리를 이끄는 대장이다. 또 나한테는
친언니도 있고, 이모랑 사촌들도 무지무지 많다.

모든 식구들이 눈과 코와 귀로 두루두루 위험을 살핀다.

큰 이모가 잎이 달린 나뭇가지를
우적우적 씹어 먹는다.

선 채로 조는
어른도 있다.
대단해!

엄마가 그러는데, 우리 가족은 '해돋이무리'란다.
새벽에 해가 뜨면 우리는 빨리 몸을 덥히려고
옆으로 서서 먹이를 먹는다.
한낮에는 너무 더워서 그늘에서 꾸벅꾸벅 존다.
그러다 해가 질 무렵에 다시 움직인다.
이때가 우리 어린 코끼리들이 노는 시간이다.

지혜로운 할머니는
나이가 무척 많아서
낮에도 깊이 잠이 든다.

코뿔소를 처음 보았을 때, 코뿔소는
덤불 옆에 서서 코를 킁킁거리며
두리번거리고 있었다. 코뿔소는
우리 코끼리들만큼 덩치가 크고,
코도 길다. 우리 코는 잘 구부러지고
쓰임새가 많은데, 코뿔소의 코는
딱딱하고 날카롭다.

엄마랑 가장 친한 이모가
장난치는 새끼 코끼리들을
지켜보고 있다.

코뿔소의 두꺼운 가죽은
나무껍질처럼 딱딱하다.

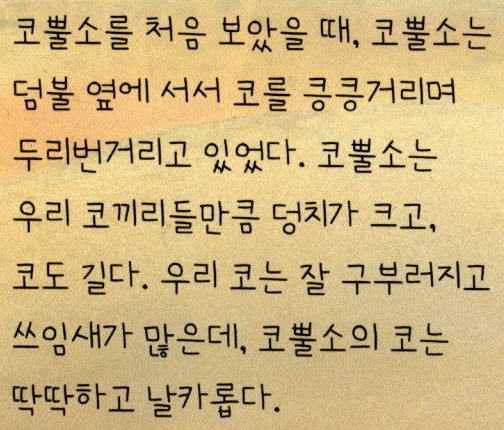

언니가 둘째 사촌이랑
장난치며 놀고 있다.

첫째 사촌은
거의 다 자랐다.

이제 나는 조금씩 엄마한테서 떨어져 다니기도 한다.
물론 멀리 가지는 않는다. 2미터 이상은 떨어지지 않는다.
그리고 한두 시간마다 엄마한테 가서 젖을 먹는다.
그러면 엄마는 코로 나를 쓰다듬어 준다. 기분 좋아!
다른 코끼리들이 콧김을 뿜거나 발을 쿵쿵 굴러
위험을 알리면 나는 얼른 달려가
엄마 다리 뒤에 숨는다.

나는 엄마가 정말 좋다.
가끔씩 나를 혼내기도 하지만,
젖도 주고 잘 보살펴 준다.

내 몸 사용법

나는 날마다 새로운 것을 배운다.
기다란 코와 커다란 두 귀, 네 다리,
꼬리를 잘 움직이는 것은 쉽지 않다.
하지만 한번 배우면 잊어버리지 않는다.
코끼리는…… 어, 뭐더라……
맞다, 기억력이 무지 좋으니까.

어제는 더울 때 귀를 펄럭이는 법을 배웠다.
몸의 열이 피를 타고 커다란 귀로 가니까
귀를 부채처럼 펄럭이면 열을 식힐 수 있다.
이렇게 하면 정말 시원하다!

이 콧구멍으로 숨을 쉰다.

내 코는 코랑 윗입술이 합쳐져서 길게 늘어난 거다.

산들바람에 귀가 팔락인다.

엄마 가슴에 달린 젖꼭지에서 젖이 나온다.

앞으로 다섯 해 동안은 엄마 젖을 먹을 것이다. 엄마가 가만히 서 있으면 나는 젖을 실컷 빤다. 그래도 한 시간만 지나면 또 배가 고프다!

가끔씩 엄마랑 나는 같이 서서 쉬기도 한다. 엄마는 내 옆에서 코를 흔들며 다정하게 킁킁거리고 나를 어루만져 준다. 나도 코로 킁킁 엄마 냄새를 맡는다. 우리는 생김새뿐 아니라 냄새로도 서로를 알아본다. 우리 엄마는 참 다정하다!

엄마 옆에서 자면 안전하다.

여섯 달 된 넷째 사촌은 이제 막 풀을 먹기 시작했다.

내 가죽은 두껍지만 부드럽다.

꼬리는 움직이기 까다롭다. 어른들은 꼬리를 휘둘러 귀찮은 파리나 벌레를 쫓아 버릴 수도 있다.

코로 연습해 보자

1. 엄마 쓰다듬기
2. 공기 냄새 맡기
3. 흙먼지 뿌리기
4. 높은 가지와 나뭇잎 끌어당기기
5. 풀 뽑기
6. 물을 빨아들인 다음 입안에 부어서 마시기. 아니면 몸에 뿌려도 시원해!

이사 가기

지혜로운 할머니가 이제 다른 곳으로 옮겨 갈 때라고 했다. 이 근처의 풀을 거의 다 먹었기 때문이다. 할머니는 공기 냄새를 맡으며 주의 깊게 소리를 들어 보고는 큰 언덕 옆을 지나 길을 나섰다. 이제 우리는 비가 내렸던 곳을 찾아갈 것이다. 그런 곳은 풀이 자라나 있고, 나뭇잎도 싱싱할 것이다.

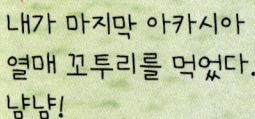

내가 마지막 아카시아 열매 꼬투리를 먹었다. 냠냠!

엄마는 내 옆에서 걸어간다.

오늘 먹은 것

1. 엄마 젖(날마다 조금씩 덜 먹고 있다.)
2. 바오바브나무 싹
3. 아카시아 열매 꼬투리
4. 우산잔디

이사 가는 길에 '긴목' 몇 마리가 함께했다. 우리는 긴목이랑 같이 여행하는 것을 좋아한다. 긴목은 키가 커서 멀리까지 내다볼 수 있다. 그리고 우리가 이렇게 많이 무리 지어 있으면, 우리가 '뾰족이빨'이라고 부르는 동물들이 잘 공격하지 않는다. 우리가 한꺼번에 달려들면 자기들도 위험하니까.

지혜로운 할머니는 올해 예순 살이다.
할머니는 스무 해 동안 해돋이무리를 이끌었다.
할머니는 지금까지 가 본 곳을 모두 기억하고 있다.
언제 어디에 가면 먹을 것이 있고,
어디에 위험한 뾰족이빨들이 있는지도 다 안다.

기린

분류 포유류 소목 기린과
몸길이 약 5.5미터(발굽에서 뿔 끝까지)
어깨높이 2.7~3.3미터
몸무게 약 1톤
사는 곳 나무가 듬성듬성한 숲, 덤불숲
먹이 나뭇잎, 잔가지, 싹, 열매, 덤불, 풀
특징 목과 다리가 아주 길고 짧은 뿔이 있다. 목은 길지만 목뼈의 수는 다른 포유류와 같이 7개이다.

긴목은 가장 키가 큰 동물이다.

우리는 지혜로운 할머니를 따라간다.

지혜로운 할머니가 늘 우리를 이끈다.

바싹 마른 나무껍질. 웩!

말라 죽어 뻣뻣한 풀. 윽!

위험한 순간

휴우, 뾰족이빨들은 정말 무섭다. 엄마랑 이모들(누구였는지는 정확히 생각나지 않는다)이랑 나는 '모래빛깔'들에게 둘러싸이고 말았다. 모래빛깔들은 우리가 무리에서 떨어졌을 때 소름 끼치도록 슬그머니 다가왔다.

큰 이모가 몸을 더 크게 보이려고 귀를 펼쳤다.

으르렁점박이들이 멀리서 지켜보고 있다.

모래빛깔이 이모를 위협하고 있다.

나는 엄마와 이모들 사이에 있다.

점박이하이에나

- **분류** 포유류 식육목 하이에나과
- **몸길이** 1.3~1.7미터
- **어깨높이** 76~92센티미터
- **몸무게** 60~80킬로그램
- **사는 곳** 나무가 듬성듬성한 숲, 덤불숲, 초원
- **먹이** 쥐에서 코끼리에 이르는 모든 동물. 산 것, 죽은 것 가리지 않는다.
- **특징** 감각이 예민하고 강한 이빨로 먹이를 씹어 먹는다. 쉬지 않고 오랫동안 달릴 수 있으며 무리를 지어 사냥한다.

탁 트인 초원에서 사냥꾼들이 이렇게 난데없이 불쑥 나타날 수도 있구나! (너무 무서워서 일기 쓰기도 힘들다) 모래빛깔뿐만 아니라 '으르렁점박이'들까지 왔다. 으르렁점박이들은 보통 뒤에서 어슬렁거리다가 모래빛깔들이 사냥감을 잡고 나면 다가가서 남은 것들을 아작아작 씹어 먹는다.

엄마가 뾰족이빨들을 겁주려고 우렁차게 뿌뿌 소리를 냈다.

모래빛깔은 가만히 있으면 꼭 풀 뭉치처럼 보인다. 나는 모래빛깔이 남긴 발자국과 냄새로 모래빛깔이 아직 근처에 있는지 알아내는 법을 배웠다. 다행히 이번에는 엄마와 이모들이 겁을 줘서 모래빛깔들을 모두 쫓아 버렸다. 휴, 살았다!

모래빛깔의 발자국

이 모래빛깔은 뒤로 돌아왔다!

우두머리 모래빛깔이 정면에서 공격 준비를 하고 있다.

암사자

분류 포유류 식육목 고양잇과
몸길이 1.4~1.8미터
어깨높이 약 1미터
몸무게 120~185킬로그램
사는 곳 초원, 나무가 듬성듬성한 숲, 덤불숲
먹이 누, 얼룩말, 영양. 새끼 코끼리도 먹는다!
특징 다부진 몸에 길고 날카로운 이빨을 지니고 있다. 감각이 예민하며 무리지어 사냥한다.

소금 동굴 가는 길

나는 소금 동굴에 처음 가 보았다.
해돋이무리는 해마다 두어 번씩 소금 동굴에 간다고
엄마가 알려 주었다. 소금 동굴은 절벽에 있는 커다란 굴인데,
거기는 동굴 바닥부터 벽까지 온통 짠 맛이 나는 흙투성이다.
소금 동굴은 멀리 떨어져 있지만,
당연히 지혜로운 할머니는 가는 길을 알고 있다.

말라비틀어진
아카시아 나무

말라서 누렇게 된
먼지투성이 가시덤불

지혜로운 할머니를 따라
여행을 한다.

다른 동물들은 코끼리가 둔하다고 하지만,
사실 우리는 무지무지 조용하고 우아하게
걷는다. 우리는 넓적한 발로 무거운 몸무게
를 떠받치며 좁다란 길을 나아간다.
가파른 비탈이나 모래밭, 흙탕길도
사뿐사뿐 걸어갈 수 있다.

웅덩이의 물이 너무 줄어서 신 나게
목욕을 할 수 없다.

소금 동굴의 흙에는 무기질이라는 게 들어 있는데, 그걸 먹어야 건강해진다. 우리는 건강을 위해 이따금 이상한 걸 먹는다. 심지어 응가도! 우리가 먹는 먹이에는 들어 있지 않은 영양소를 얻을 수 있기 때문이다.

내가 먹는 별난 음식

1. 괴상한 맛이 나는 짠 흙
2. 고약한 맛이 나는 짠 진흙
3. 비타민이 든 곤충과 지렁이
4. 엄마 똥
5. 다른 코끼리들의 오줌

나는 몸집이 작아서 벼랑길을 가뿐히 지나갔다.

폭포를 건널 때는 몸집이 작아서 위험했다. 그래서 엄마가 도와줬다.

엄니로 흙을 파낸다.

소금 동굴로 내려가는 길이 가파르다.

드디어 소금 동굴에 들어왔다. 그런데 문제가 있다. 흙 맛이 너무 괴상하다! 하지만 엄마는 잔말 말고 먹어 두라고 한다. 안 그러면 앞으로 아카시아 열매 꼬투리 같은 맛있는 음식을 못 먹게 할 거라고 한다. 치사해!

15

낯선 동물

오늘은 정말정말 이상한 날이었다. 들판 저 멀리 처음 보는 동물이 나타난 것이다. 그 동물은 두 다리로 걸어 다녔다. 이상하다. 시끄러운 소리가 나는 커다란 껍데기에 들어가면 더 빨리 돌아다닐 수 있다. 괴상하다. 그 동물은 나뭇잎을 먹지 않았다. 무섭다. 그 동물은 굉장히 시끄러웠고, 껍데기에서는 더 시끄러운 소리가 났다. 섬뜩하다!

나는 소리를 잘 들으려고 귀를 움직였다.

사람

분류 포유류 영장목 사람과
몸높이 1.5~1.8미터
몸무게 50~100킬로그램
사는 곳 가리지 않는다.
먹이 가리지 않는다.
특징 두 다리로 걷는다. 무척 영리하다.

지혜로운 할머니가 알려줬다. 그 동물은 '사람'이라고 하는데, 사람이 오면 늘 말썽이 생긴다고. 지난번에 왔을 때는 천둥이 치듯 땅 땅 엄청난 소리가 났다고 한다. 그러고 나서 해돋이무리의 코끼리 몇 마리가 사라졌단다.

사람 껍데기는 진짜 특이하다.
사람 껍데기가 먹이를 먹는 모습은
못 보았지만, 물은 하루에 한 번 정도
마신다. 사람 껍데기는 지치지도 않고
몇 시간이나 달릴 수 있다.
하지만 바위가 많아 울퉁불퉁한 곳이나
깊은 진창은 잘 달리지 못한다. 사람 껍데기는
왠지 꺼림칙하다. 잘 기억해 두어야겠다.

기억해 두어야 할 나쁜 것들

사람 껍데기의 소리는 뾰족이빨이 크르렁거리는 소리와 비슷하지만 훨씬 길다.

사람 껍데기는 아주 오랫동안 꼼짝도 하지 않고 가만히 있다. 동물이 아닌 것처럼.

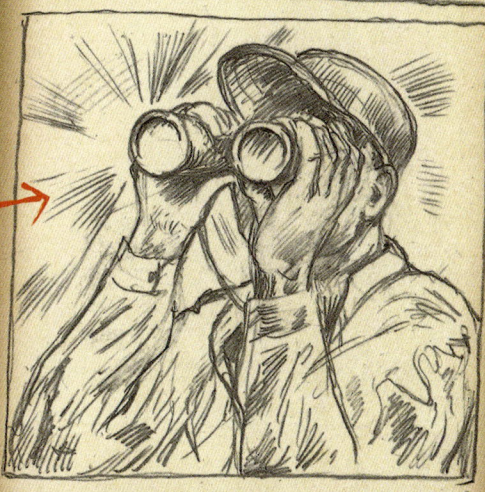

사람들은 눈이 작은데, 갑자기 엄청 커지기도 한다.

사람 껍데기가 땅에 흘려 놓은 징그럽고 미끌미끌한 액체를 맛보았다. 웩!

사람들은 거의 한나절이나 있다가
어두워질 무렵에야 떠났다.
하지만 엄마와 넷째 사촌과 작은 이모는
사람들이 다시 올 거라고 한다.
지난번에 사람들이 왔을 때
나쁜 일이 일어났으니,
이번에도 또 나쁜 일이 생길지 모른다.

사람 껍데기는 기다란 발자국을 남긴다.

가장 슬픈 날

우리 가족은 너무나 슬프다. 오늘 아침 일찍 사람들이 왔다. 그리고 땅 땅 소리가 나더니, 친한 이모가 죽었다. 내가 가장 좋아하는 이모였는데. 이모는 아직 스물일곱 살밖에 안 됐다. 이모는 아프지도 않았고 굶어 죽은 것도 아니다. 그냥 갑자기 쓰러져 죽어 버렸다. 작별 인사를 할 시간도 없었다. 이렇게 이상한 일이 다 있을까!

지혜로운 할머니가 나뭇잎과 잔가지를 놓아 주었다.

엄마는 이모의 몸을 들어올리며 되살려 보려 했다.

가족 가운데 누군가 죽으면 우리는 주위에 빙 둘러서서 코와 발로 죽은 코끼리를 쓰다듬는다.
옛날이야기에서는 나이 든 코끼리들은 코끼리 무덤이라는 특별한 곳에 가서 죽는다고 한다. 하지만 그건 사실이 아니다.

엄마가 그러는데, 우리가 나중에
여기에 오면 이모는 뼈만 남아 있을 거란다.
으르렁점박이들이 가죽을 찢고, 독수리라고
하는 갈고리부리들이 살을 쪼아 먹을 테니까.

코끼리가 죽으면
청소동물들이
금세 모여든다.

그런데 희한하게도 이모의 엄니가 없어졌다.
온데간데없이 사라졌다. 아무래도 사람들이
가져간 것 같다. 도대체 어디에 쓰려는지 모르겠다.
우리 엄니는 사람들한테는 너무 큰데.
이 끔찍한 날은 평생 잊지 못할 것이다.

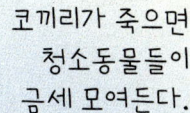

작은 이모는
낮은 소리로
계속 울었다.

엄니는 쓸모가 많다

1. 나무를 밀어 넘어뜨린다.

2. 식물 뿌리를 캔다.

3. 질겅질겅 씹어 먹을
   연한 나무껍질을 벗긴다.

4. 뾰족이빨을 쫓는다.

5. 짝짓기 경쟁 상대를 물리친다.

메마른 계절, 건기

오랫동안 비가 내리지 않아서
나뭇잎과 풀이 누렇게 말라 버렸다.
나는 풀을 먹는 다른 동물들에게
무슨 풀을 먹고 싶은지 물어보았다.
좋아하는 것이 다 달라서
먹이를 두고 싸울 일은 없을 것 같다.

얼룩말마다 줄무늬가 조금씩 다르다.

줄무늬 얼룩말은 곧잘 우리 옆에서
풀을 뜯는다. 얼룩말은 풀 먹는 동물들이
잘 먹지 않는 억세고 질긴 풀도 먹을 수 있다.
또 키 작은 풀도 먹는다.

톰슨가젤은 단단한 발굽으로 적을 걷어찬다.

날쌘 톰슨가젤도 풀을 좋아한다.
톰슨가젤은 퍼석퍼석한 풀만 먹고도
살 수 있다. 나라면 목이 멜 텐데.
톰슨가젤은 흙 속에 코를 박고
씨앗이나 죽은 식물을 찾아 먹기도 한다.

내가 할 일

1. 먹이 찾기
2. 흙먼지로 목욕하기. 흙먼지는 많으니까!
3. 먹이 더 찾아보기
4. 언니랑 놀기
5. 다시 먹이 찾아보기

툴툴거리는 누는 코가 뭉툭하고,
앞니가 넓고 날카롭다.
누는 넓적한 주둥이를 땅에 대고
아주 짧은 풀을 한입 가득
뜯어먹을 수 있다.
멋진 코를 가진 나도
그렇게는 못하는데!

누는 날카로운 뿔로
자신을 지킨다.

쿠두는 뾰족이빨이 나타나면
덤불을 훌쩍 뛰어넘어
도망칠 수 있다.

깡충 뛰는 쿠두는 뒷다리로 일어서서
높은 곳에 있는 먹이를 먹을 수 있다.
쿠두도 나처럼 나뭇잎이나 봉오리,
새싹, 열매를 주로 먹는다.
또 내가 잘 먹지 않는
꽃이나 덩굴도 좋아한다.

큰 웅덩이가 이제
너무 작아져서
풀 먹는 동물들로
북적거린다.

불이야!

큰일났다! 번개가 번쩍 하더니 덤불숲에 불이 붙었다.
새들이 빽빽거리며 위험을 알리고는 안전한 곳으로
날아갔다. 우리도 날 수 있다면 좋을 텐데!
바싹 마른 풀과 나무가 빠지직빠지직 타오르고,
거센 불길이 걷잡을 수 없이 번진다.

매캐하고 빠지직 소리가 나고
뜨겁다. 무서워!

나무가 불타고 있다.
하지만 다시 살아날 것이다.

달려! 나는 불을 처음 보았으니
엄마 옆에 꼭 붙어 있어야 한다!
엄마는 불길을 살펴보며
우리가 빠져나갈 틈을 찾았다.
어쩌면 불길이 따라오지 못하는
바위나 웅덩이가 있을지도 모른다.

해돋이무리의 코끼리들은 모두 안전하게
빠져나왔다. 새들이 미리 알려 줘서 다행이다.
새들은 '깃털 달린 화재경보기'라고
지혜로운 할머니가 알려 주었다.
지금 새들은 불탄 곳 가장자리로
몰려들고 있다. 열기를 피해 달아나는
작은 동물들을 잡아먹으려는 것이다.

황로들이 우리 등 위에서 서로 좋은 자리를 차지하려고 다투고 있다.

황로가 벌레나 쥐, 개구리, 도마뱀을 잡으려고 땅을 살핀다.

새들은 우리에게 다른 도움도 준다.
우리 몸에 앉아서 파리나 진드기 같은
해충을 잡는다. 우리는 피부가 깨끗해지고,
새들은 맛있는 간식을 먹고. 아주 좋아!

허둥지둥 길을 가다 보니,
얼마 전 불이 났던 곳이 나왔다.
큰비가 쏟아져 불이 꺼지고
땅이 흠뻑 젖었다. 촉촉한 흙에서
벌써 풀이 자라고 있다.
자연은 정말 놀랍다!

흙 속에서 살아남은 씨앗이 금방 싹을 틔운다.

23

마침내 비가 내리다

지혜로운 할머니가 가장 먼저 공기의 냄새를 맡고, 먼 하늘의 먹구름을 보고, 천둥소리를 들었다. 할머니는 곧 비가 온다는 것을 알았다. 비는 해마다 거의 같은 때 내린다. 후두두 떨어지는 비를 맞으니 더위가 가셨다. 땅에 빗물이 고여 마실 수도 있었다. 오랫동안 흙먼지만 날리고 바싹 말라 있었는데 이렇게 비가 오니 정말 살 것 같다!

지혜로운 할머니는 나이가 많지만 여전히 진흙 목욕을 좋아한다!

가뭄 끝, 이동 시작

심하게 밀리는 2번 길

어제 비바람이 대평원을 휩쓸고 지나가면서 메마른 계절도 끝이 났다. 한 얼룩말은 "정말 다행이지 뭐예요. 비가 영영 안 오는 줄 알았어요."라고 소감을 말했다. 누와 영양들은 주요 이동 통로인 1번 길과 2번 길에 줄지어 늘어서 있다. 비가 와서 물이 불어난 강을 건너다가 물살에 휩쓸리거나 악어에게 잡아먹힌 가젤이 9마리나 된다.

언니가 물속으로 잠수하려 한다. 잠수할 때는 코를 물 밖으로 내고 숨을 쉰다.

웅덩이에도 이내 물이 가득 찼다. 코끼리들은 진흙탕에서 첨벙첨벙, 데굴데굴, 뒹굴뒹굴 노는 것을 좋아한다. 그러면 피부에 있는 해충도 떨어지고, 상처도 낫고, 열도 식는다. 나는 코로 물을 빨아들인 다음 위로 뿜어서 몸에 끼얹는 법을 배웠다.

나일악어

분류	파충류 악어목 크로커다일과
몸길이	5~7미터
어깨높이	약 80센티미터
몸무게	500킬로그램
사는 곳	강, 호수, 늪
먹이	얼룩말, 영양을 비롯한 여러 동물. 심지어 코끼리도 먹는다!
특징	이빨이 뾰족하고 턱이 강하며 꼬리 힘이 세다. 물속에 잘 숨는다.

하마는 낮에는 꾸벅꾸벅 존다.

내가 신 나게 물을 끼얹고 있는데…

…악어가 물 위로 떠올랐다. 으악, 도망쳐!

하마는 온종일 물속에서 지내다가 밤에 물가로 나와 풀을 먹는다. 악어도 물을 좋아한다. 그래서 문제다. 악어는 뾰족이빨 중에서도 아주 위험한 동물이다. 갑자기 힘차게 꼬리를 흔들며 와락 달려들어서는 덥석 물어 버린다. 특히 나처럼 어린 동물을 잘 잡아먹는다.

작은 이모는 진흙에서 뒹굴기 선수다.

덩치 큰 손님들

코끼리는 여러 가지 소리로 '대화'를 한다. 주로 사람들이 듣지 못하는 아주 낮은 소리로 으르렁거린다. 또 우렁찬 소리, 뿌뿌 소리, 높고 날카로운 소리, 콧김 뿜는 소리도 내는데, 이런 소리는 주로 불안하거나 무서울 때 낸다. 그런데 오늘 나는 이제껏 들어 본 것 중에 가장 큰 소리를 들었다. 처음 보는 코끼리들이 내는 소리였다.

두 수코끼리가 으르렁거리며 서로 떠밀고 있다.

엄마가 그러는데 이 덩치 큰 손님들은 어른 수코끼리란다. 수코끼리들은 해마다 한번씩 찾아와서 으스대고, 큰 소리로 울고, 서로 거칠게 싸우고는 싸움에서 이긴 수코끼리가 어른 암코끼리와 짝짓기를 한다고 한다.

덩치 큰 수코끼리 가운데 하나가 우리 아빠라고
엄마가 알려 줬다. 수코끼리들은 머지않아
모두 떠날 것이다. 갓 어른이 되었을 때는
한동안 여럿이 같이 다니기도 하지만
나이가 들면 대부분 혼자 산다고 한다.

수컷은 암컷보다 엄니가 더 길다.

아빠가 싸우면
땅이 흔들린다!

수코끼리와 암코끼리가 짝이 되면
잠시 무리에서 떨어져 둘이서 지낸다.
서로 냄새를 맡고, 귀를 펄럭이고,
머리를 맞대고, 엄니를 툭툭 부딪치고,
코로 쓰다듬는다.

보통 암코끼리가
수코끼리를 이끈다.

새 지혜로운 할머니

이틀 전, 지혜로운 할머니는 기운이 하나도 없었다. 할머니는 누워서 잠이 들었는데, 깨워도 일어나지 않았다. 친한 이모가 죽었을 때와 비슷했다. 하지만 그때만큼 갑작스럽지는 않았다. 작별 인사를 할 시간은 있었으니까. 너무 슬프다. 이제 우리를 이끌어 줄 새로운 지혜로운 할머니가 있어야 한다.

나랑 엄마랑 몇몇 코끼리들이 무리에서 떨어졌다. 우리는 늘 지나다니던 길로 가려 했지만, 울타리와 사람 껍데기가 가로막고 있었다.

앞에 사람 껍데기가 있다! 새 지혜로운 할머니는 우리가 어디로 갈지 정해야 한다.

가는 곳마다 우리를 지켜보는 사람 껍데기가 있다.

사촌 동생들은 새 지혜로운 할머니가 우리를 안전하게 지켜 줄 거라고 믿고 있다!

사람 껍데기는 정말 성가시다! 요즘 들어 사람 껍데기가 점점 많아지는 것 같다. 사람 껍데기는 우리가 쉴 때 잠을 깨우고, 우리가 움직일 때는 길을 가로막는다.

기억해야 할 것들

1. 무리에서 떨어지지 않기
2. 언제나 뾰족이빨 조심하기
3. 중요한 일은 절대 잊어버리지 말기

해돋이무리의 코끼리들은 우리 엄마를 새 지혜로운 할머니로 정했다. 굉장해!
엄마는 어디에 가면 먹을 것과 마실 것이 있고 안전하게 쉴 수 있는지 안다.
그래도 엄마는 여전히 다정한 우리 엄마이다!
언젠가는 나도 지혜로운 할머니가 될 수 있을까?

내가 맨 뒤에서 모두가 안전한지 확인할 것이다.

이웃들의 한마디

나는 내 일기에 내가 만난 동물들에 대해 적어 놓았다.
그런데 그 동물들은 나를 어떻게 생각할까?

얼룩말

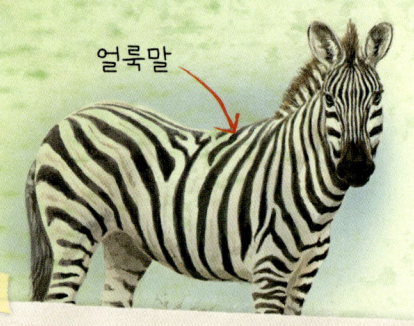

" 갓 잡은 코끼리를 처음 한입 먹을 때 정말 맛있어!
하지만 코끼리는 쉽게 먹을 수 있는 음식이 아니야.
사냥을 하는 우리 암사자들은 코끼리한테 덤볐다가
코끼리 무리 전체와 싸우게 될 수도 있다는 걸
잘 아니까. "

" 코끼리는 그냥 골칫거리야, 골칫거리. 너무 많이 먹고, 목욕을
한답시고 물을 흐리고, 가는 곳마다 똥을 산더미처럼 싸 놓으니까.
게다가 코끼리는 줄무늬도 없다고! "

암사자

" 난 해돋이무리의 코끼리들이
좋아. 힘도 세고 엄니랑 기다란
코가 있어서 나무를 밀어
쓰러뜨리거나 높은 나뭇가지를
아래로 끌어내리거든. 그러면
나도 많이 먹을 수 있어.
잘한다, 코끼리 떼! "

기린

" 우리는 해돋이무리랑 같이 여행하는 걸
좋아해. 우리는 위에서 멀리 내다보고,
코끼리들은 밑에서 냄새를 맡지.
서로 멋지게 돕는 거야. "

쿠두

악어

" 다 자란 코끼리는 너무 커서 물속으로 끌고
들어갈 수 없어. 하지만 통통하고 귀여운
새끼 코끼리는 아주 맛있지.
아니, 더 착하다고(히히). "

낱말풀이

건기 오랫동안 비가 내리지 않는 시기. 아프리카 초원에는 거의 해마다 건기가 찾아오므로, 초원의 동식물들은 건기에 적응하며 살아간다.

갈고리부리 해돋이무리 코끼리들이 갈고리처럼 구부러진 부리가 달린 큰 새들을 가리키는 말. 살아 있는 동물을 사냥하는 수리와 주로 죽은 동물을 먹는 독수리 등이 있다.

사람 껍데기 사람 말로 '자동차'를 가리킨다. 사람들이 타고 돌아다니는 상자처럼 생긴 금속 껍데기.

긴목 해돋이무리 코끼리들이 기린을 가리키는 말. 기린은 목이 아주 길고, 앞다리도 거의 목만큼 길다. 큰 기린은 키가 6미터에 이른다.

모래빛깔 해돋이무리 코끼리들이 사자를 가리키는 말. 사자는 몸 색깔이 모래 색과 비슷한 연한 갈색이라서 마른 풀 속에 숨어 있으면 쉽게 알아볼 수 없다.

청소동물 살아 있는 동물을 사냥해서 신선한 고기를 먹기보다 주로 죽은 동물이나 썩어 가는 고기를 먹는 동물.

뾰족이빨 해돋이무리 코끼리들이 고기를 먹는 동물을 가리키는 말. 육식동물이라고도 한다. 사자, 표범, 치타 같은 몸집이 큰 고양잇과 동물과 하이에나 등이 있다.

으르렁점박이 해돋이무리 코끼리들이 점박이하이에나를 가리키는 말.

찾아보기

가젤 20, 24
가죽 7, 9
건기 20, 31
귀 8, 12, 16, 27
기린 10, 30-31
나일악어 25
냄새 맡기 9
누 21, 24
독수리 19, 31
똥 15, 30
무기질 15
비 10, 20, 24-25
비바람 24
사람 28, 31
새 23, 31
새끼 코끼리 4, 7
소금 14-15
소리 13, 26
싸움 26
아카시아 10, 14
아프리카코끼리 4

악어 24-25, 30
암사자 13, 30
얼룩말 5, 20, 30
엄니 15, 19, 27, 30
영양소 15
점박이하이에나 12, 31
젖 7, 8, 10
진흙 목욕 24
짝짓기 19, 26
청소동물 19, 31
코 4, 5, 6-7, 8-9, 24, 27
코끼리 무덤 18
코뿔소 7
콧구멍 8
쿠두 21, 30
하마 25
해돋이무리 5, 6, 11, 14, 16, 23, 29, 30
해충 23, 24
황로 23

" 우리는 겁 많은 청소동물로 알려져 있지만, 그건 잘못 알고 있는 거야. 우리도 정말로 배가 고플 때는 무리 지어 사냥을 하고, 심지어 코끼리도 죽일 수 있어. 물론 쉽지 않지만, 잡으면 배불리 먹을 수 있지! "

← 하이에나

Animal Diaries : Elephant
by Steve Parker, Peter David Scott
Copyright © QED Publishing 2012
Korean translation copyright © Hanulimkids Publishing co., 2014
This Korean edition is published by arrangement with QED Publishing,
a member of the Quarto Group through Bookmaru Korea literary agency in Seoul.
All rights reserved.

이 책의 한국어판 저작권은 북마루코리아를 통한
QED Publishing, a Quarto Group Company와의 독점계약으로
한울림어린이가 소유합니다. 신저작권법에 의하여 한국 내에서
보호를 받는 저작물이므로 무단 전재와 복제를 금합니다.

코끼리의 일기
아프리카코끼리가 들려주는 초원 이야기

글 | 스티브 파커   그림 | 피터 데이비드 스콧·아트 에이전시   옮긴이 | 햇살과나무꾼
펴낸이 | 곽미순   기획·편집 | 이은영   디자인 | 이정화

펴낸곳 | 한울림어린이   편집 | 이은영 윤도경
디자인 | 김민서 이정화   마케팅 | 이정욱 김가연   관리 | 강지연
등록 | 2004년 4월 12일(제318-2004-000032호)
주소 | 서울시 영등포구 당산로54길 11 래미안당산1차A 상가
대표전화 | 02-2635-1400   팩스 | 02-2635-1415
홈페이지 | www.inbumo.com   블로그 | blog.naver.com/hanulimkids

첫판 1쇄 펴낸날 2014년 12월 15일
ISBN 978-89-98465-34-6 74490

이 도서의 국립중앙도서관 출판시도서목록(CIP)은 서지정보유통지원시스템 홈페이지(http://seoji.nl.go.kr)와
국가자료공동목록시스템(http://www.nl.go.kr/kolisnet)에서 이용하실 수 있습니다.(CIP제어번호: CIP2014023172)
＊잘못된 책은 바꿔드립니다.